Impressum
Verlag: BABADADA GmbH, Nedderfeld 112 , 22529 Hamburg
Geschäftsführer / Verlagsleitung: Harald Hof
Druck: Books on Demand GmbH, In de Tarpen 42, 22848 Norderstedt

Imprint
Publisher: BABADADA GmbH, Nedderfeld 112 , 22529 Hamburg, Germany
Managing Director / Publishing direction: Harald Hof
Print: Books on Demand GmbH, In de Tarpen 42, 22848 Norderstedt, Germany

ikigo c' amashure

5ch00l

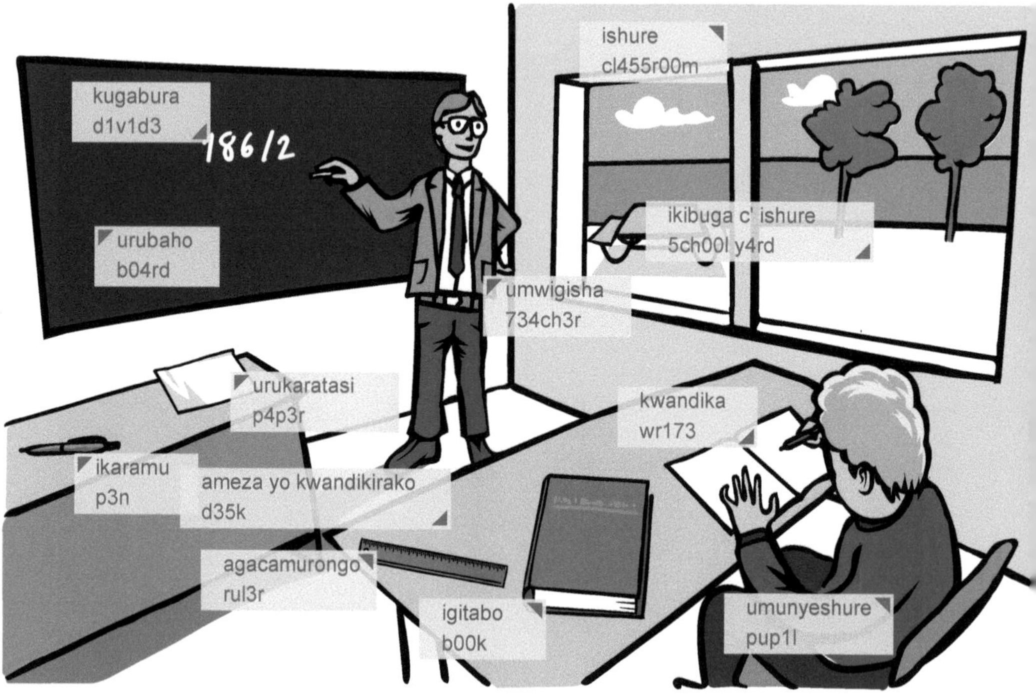

ishure
cl455r00m
kugabura
d1v1d3
186/2
urubaho
b04rd
ikibuga c' ishure
5ch00l y4rd
umwigisha
734ch3r
urukaratasi
p4p3r
kwandika
wr173
ikaramu
p3n
ameza yo kwandikirako
d35k
agacamurongo
rul3r
igitabo
b00k
umunyeshure
pup1l

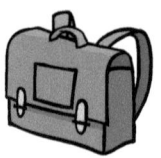

isakoshi y'' ishure

547ch3l

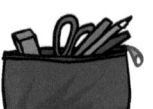

agasaho k' amakaramu

p3nc1l c453

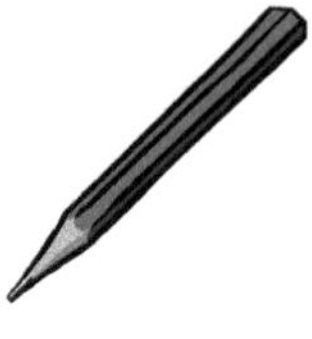

ikaramu y igiti

p3nc1l

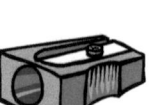

agasongozo k ikaramu y igiti

p3nc1l 5h4rp3n3r

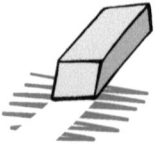

igome

rubb3r

ikaye yo gucapamwo

dr4w1n6 p4d

igicapo

dr4w1n6

ikaramu bacapisha irangi

p41n7bru5h

agasandugu kamabara

p41n7 b0x

imikasi

5c1550r5

kore

6lu3

ikaye y' imyimenyerezo

3x3rc153 b00k

imyimenyerezo yo muhira

h0m3w0rk

12

igiharuro

numb3r

2+2

guteranya

4dd

5-2

gukuramwo

5ub7r4c7

2x2

kugwiza

mul71ply

guharura

c4lcul473

A

urudome

l3773r

ABCDEFG
HIJKLMN
OPQRSTU
VWXYZ

indome

4lph4b37

hello

ijambo

w0rd

igisomwa

73x7

gusoma

r34d

ingwa

ch4lk

icigwa

l3550n

igitabo c' ishure

r361573r

ikibazo

3x4m1n4710n

impamyabushobozi

c3r71f1c473

impuzu y' ishure

5ch00l un1f0rm

kwiga

3duc4710n

kazinduzi

3ncycl0p3d14

kaminuza

un1v3r517y

mikorosikopi

m1cr05c0p3

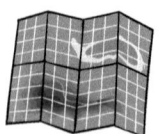

ikarata

m4p

agaseke bajugunyamo
amakaratasi

w4573-p4p3r b45k37

urugendo
7r4v3l

ihoteli
h073l
Grand
ihoteli ntoya
h0573l
ku bavunjayi
curr3ncy 3xch4n63 0ff1c3
isandugu
5u17c453
umuduga
c4r

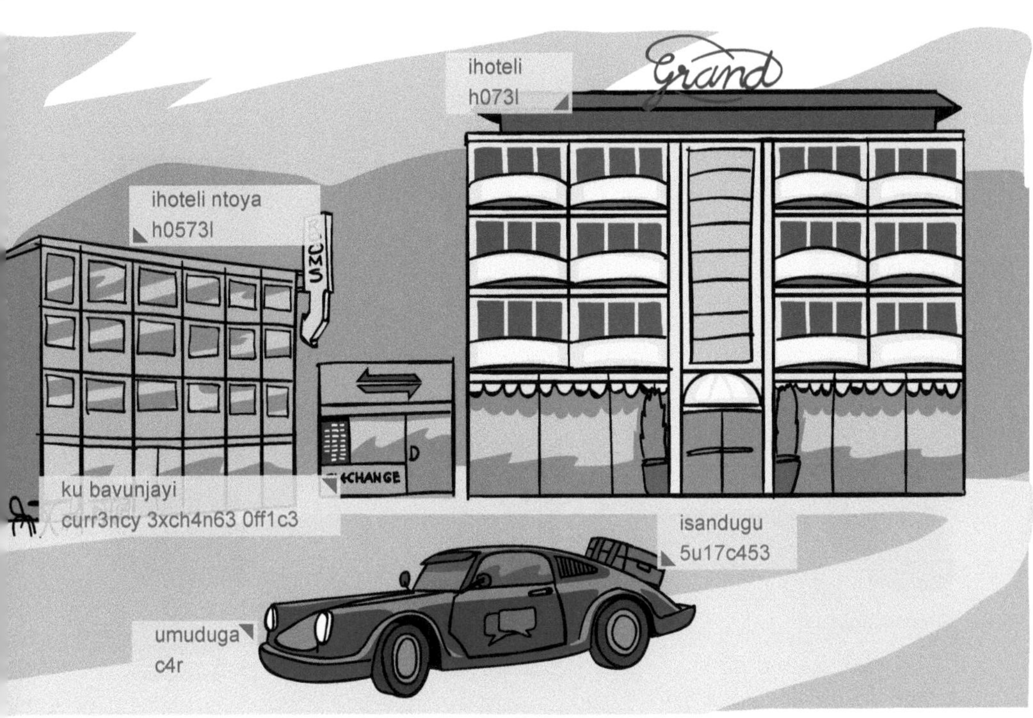

ururimi

l4n6u463

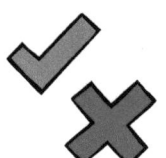

ego / oya

y35 / n0

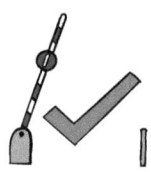

ego

0k4y

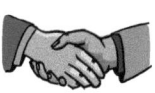

amahoro!

h3ll0

umuntu asigura

7r4n5l470r

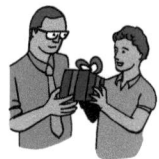

ndashimye

7h4nk y0u

ni angahe?

h0w much 15

sindabitahura

1 d0 n07 und3r574nd

ingorane

pr0bl3m

mwiriwe!

600d 3v3n1n6!

mwaramutse

600d m0rn1n6!

ijoro ryiza!

600d n16h7!

nakagaruka

600dby3

inzira

d1r3c710n

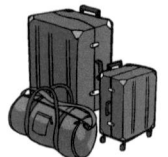

imizigo

lu66463

igapo

b46

isaho baheka mu mugongo

b4ckp4ck

umushitsi

6u357

icumba

r00m

umufuko wo kuraramo mu rugendo

5l33p1n6 b46

ihema

73n7

kumenyesha ingenzi

70ur157 1nf0rm4710n

ku musenyi

b34ch

ikarata y' amahera

cr3d17 c4rd

ifunguro rya mugatondo

br34kf457

ifunguro ryo ku murango

lunch

ifunguro ry 'ijoro

d1nn3r

itike

71ck37

ingazi y' umuyagankuba

3l3v470r

umukono

574mp

umupaka

b0rd3r

duwane

cu570m5

ubuserukizi bw' igihugu

3mb455y

viza

v154

pasiporo

p455p0r7

gutwara abantu n' ibintu

7r4n5p0r7

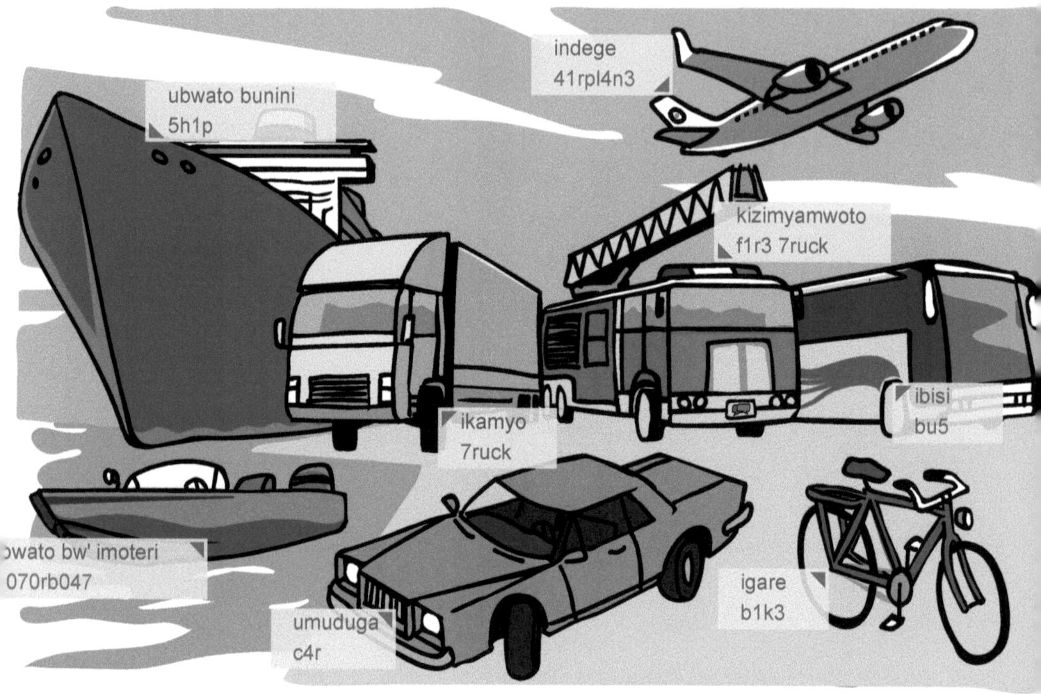

indege
41rpl4n3
ubwato bunini
5h1p
kizimyamwoto
f1r3 7ruck
ibisi
bu5
ikamyo
7ruck
wato bw' imoteri
070rb047
igare
b1k3
umuduga
c4r

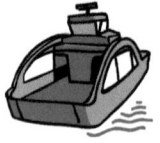

ubwato bunini

f3rry

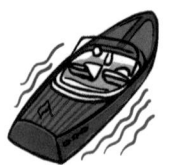

ubwato

b047

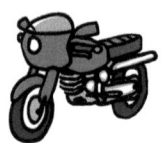

ipikipiki

m070rb1k3

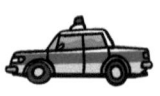

umuduga w' igipolisi

p0l1c3 c4r

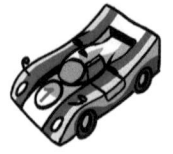

umuduga wa kuruse

r4c1n6 c4r

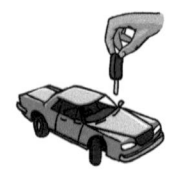

umuduga bakodesha

r3n74l c4r

gukoresha imodoka imwe
muri benshi

c4r 5h4r1n6

uruduga ruheka izindi

70w 7ruck

umuduga utwara umucafu

64rb463 7ruck

imoteri

3n61n3

igitoro

fu3l

ubunywero bw'ibitoro

fu3l 574710n

ibirango vyo ku mabarabara

7r4ff1c 516n

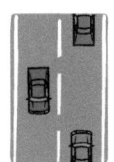

uruja n' uruza

7r4ff1c

akajagari k' imiduga mw'
ibarabara

7r4ff1c j4m

igituro c' imiduga

p4rk1n6 l07

igituro ca gari ya moshi

7r41n 574710n

ibarabara rya gari ya moshi

7r4ck5

gari ya moshi

7r41n

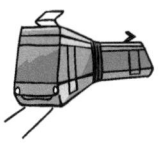

gari ya moshi bita tram

7r4m

igipande ca gari ya moshi

w460n

kajugujugu

h3l1c0p73r

ikibuga c' indege

41rp0r7

umunara

70w3r

ingenzi

p4553n63r

konteneri

c0n741n3r

ikarato

c4r70n

isharete

c4r7

icibo

b45k37

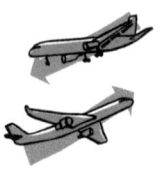

kuguruka / kugwa

74k3 0ff / l4nd

igisagara

c17y

umutumba

v1ll463

hagati mu gisagara

c17y c3n73r

inzu

h0u53

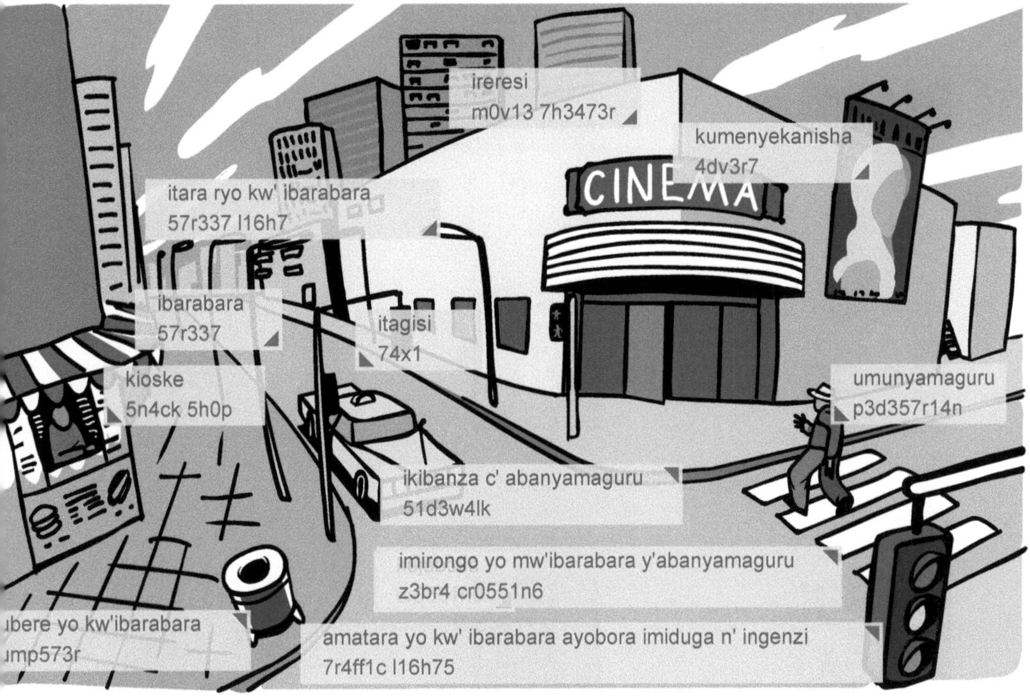

ireresi
m0v13 7h3473r

kumenyekanisha
4dv3r7

itara ryo kw' ibarabara
57r337 l16h7

ibarabara
57r337

itagisi
74x1

kioske
5n4ck 5h0p

umunyamaguru
p3d357r14n

ikibanza c' abanyamaguru
51d3w4lk

imirongo yo mw'ibarabara y'abanyamaguru
z3br4 cr0551n6

ıbere yo kw'ibarabara
ımp573r

amatara yo kw' ibarabara ayobora imiduga n' ingenzi
7r4ff1c l16h75

akazu k' ikirundi

hu7

aparitema

4p4r7m3n7

igituro ca gari ya moshi

7r41n 574710n

meri

c17y h4ll

iratiro ry' ivyakera

mu53um

ikigo c' amashure

5ch00l

kaminuza

un1v3r517y

ibanki

b4nk

ibitaro

h05p174l

ihoteli

h073l

farumasi

ph4rm4cy

ibiro

0ff1c3

aho badandaza ibitabo

b00k 5h0p

akaduka

5h0p

umudandaza w'amashugwe

fl0w3r 5h0p

supermarshe

5up3rm4rk37

isoko

m4rk37

iduka

d3p4r7m3n7 570r3

umudandaza w' amafi

f15hm0n63r'5 5h0p

ihuriro ry'amaduka

m4ll

ikivuko

h4rb0r

ikibanza batemberamwo

p4rk

intebe ndende

b3nch

ikiraro

br1d63

ingazi

5741r5

gari ya moshi bita métro

5ubw4y

ibarara ry' indani y' isi

7unn3l

igituro c' amabisi

bu5 570p

ubunywero

b4r

resitora

r3574ur4n7

ahaja amakete

p057b0x

ikirango co kw' ibarabara

57r337 516n

isaha yo ku gituro c' imiduga

p4rk1n6 m373r

iratiro ry' ibikoko

z00

pisine

5w1mm1n6 p00l

umusigiti

m05qu3

ubwororero

f4rm

konona ibidukikije

p0llu710n

akaburi

c3m373ry

kw'isengero

church

ikibuga

pl4y6r0und

inyubako za kera bita temple

73mpl3

imisozi

l4nd5c4p3

![landscape scene]

ikibabi
l34f

ivyapa
516np057

inzira
p47h

ubwatsi bita gazon
m34d0w

ibuye
570n3

igiti
7r33

umuntu atembera kure n' amaguru
h1k3r

uruzi
r1v3r

ubwatsi
6r455

ishugwe
fl0w3r

ikiyaya

v4ll3y

umusozi

h1ll

ikiyaga

l4k3

ishamba

f0r357

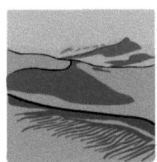

ubugaragwa

d353r7

ikirunga

v0lc4n0

ishato

c457l3

umunywamazi

r41nb0w

ikizinu

mu5hr00m

ikigazi

p4lm 7r33

umubu

m05qu170

isazi

fly

urutozi

4n7

uruyuki

b33

igitangurigwa

5p1d3r

agakoko gato bita coléoptère
b337l3

igikere
fr06

agakoko bita écureuil
5qu1rr3l

ikinyogote
h3d63h06

urukwavu
h4r3

igihuna
0wl

inyoni
b1rd

imbata
5w4n

ingurube y' ishamba
b04r

idubu
d33r

igikoko bita élan
m0053

urugomero
d4m

icuma gitanga umuyagankuba
w1nd 7urb1n3

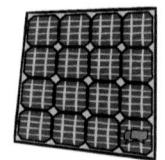

ikimuri c' imishwarara
50l4r p4n3l

igihe
cl1m473

resitora
r3574ur4n7

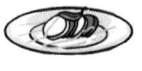

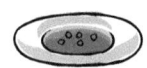

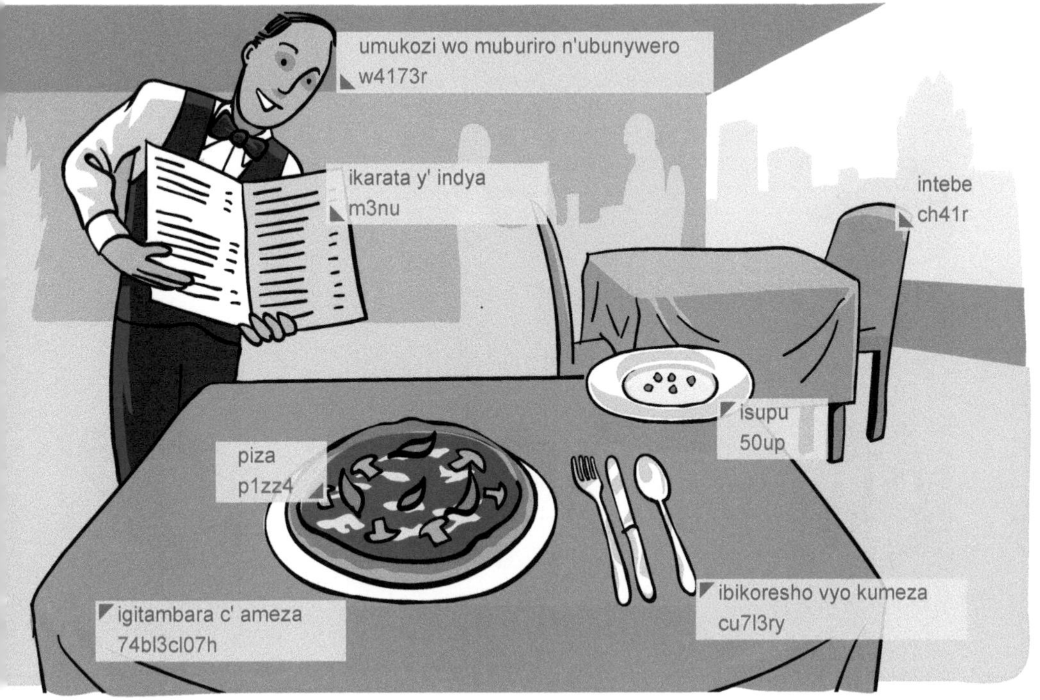
umukozi wo muburiro n'ubunywero
w4173r
ikarata y' indya
m3nu
intebe
ch41r
isupu
50up
piza
p1zz4
ibikoresho vyo kumeza
cu7l3ry
igitambara c' ameza
74bl3cl07h

indya y' ibanze

574r73r

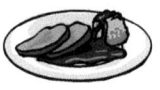

indya nkuru

m41n c0ur53

deseri

d3553r7

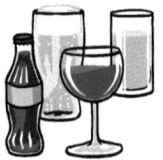

inyobwa

dr1nk5

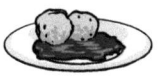

infungugwa

f00d

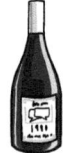

icupa

b077l3

infungugwa batekanye ingoga

f457 f00d

Infungugwa barya bagenda

57r337 f00d

ibirika y' icayi

734p07

agakopo k' isukari

5u64r b0wl

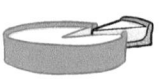

igipande c' indya

p0r710n

imachini ikora espresso

35pr3550 m4ch1n3

intebe ndende

h16h ch41r

inyemazabuguzi

b1ll

ako batwarako infungugwa

7r4y

imbugita yo kumeza

kn1f3

ikanya

f0rk

ikiyiko

5p00n

akayiko k' icayi

7345p00n

seriviyeti

53rv13773

ikirahuri

6l455

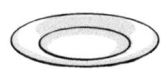

isahani

pl473

isahani y' isupu

50up pl473

isutasi

54uc3r

isosi

54uc3

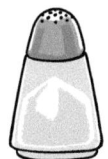

akanyanyagiza umunyu ku ndya

54l7 5h4k3r

agasya ipiripiri

p3pp3r m1ll

vinaigre

v1n364r

amavuta

01l

indyoshandya

5p1c35

kecapu

k37chup

mutaride

mu574rd

mayoneze

m4y0nn4153

supermarshe
5up3rm4rk37

ivyagabanyijwe igiciro
5p3c14l 0ff3r
FOR
umuguzi
cu570m3r
ibiva ku mata
d41ry pr0duc75
icamwa
fru17
agakinga ko mw' iduka
5h0pp1n6 c4r7

BUTCHERS

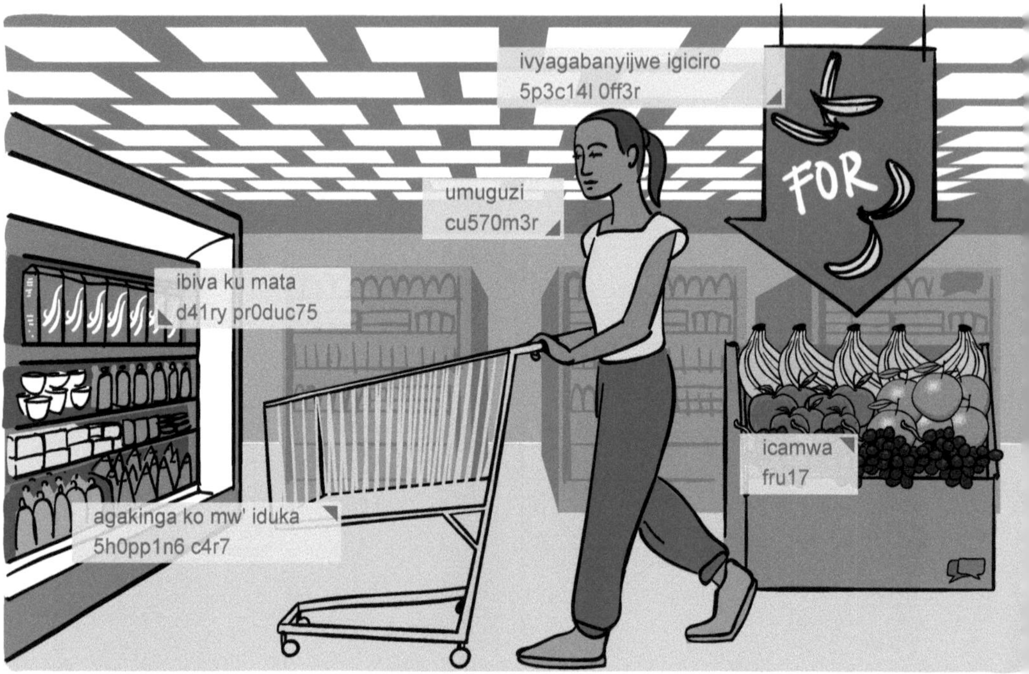

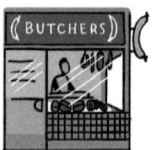

amacuniro

bu7ch3r'5 5h0p

BAKERY

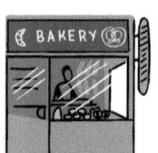

iburangeri

b4k3ry

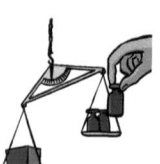

gupima

w316h

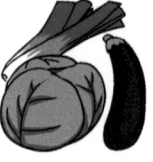

imboga

v36374bl35

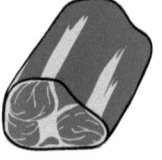

inyama

m347

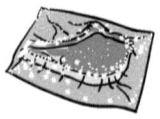

Imfungurwa zikanye cane

fr0z3n f00d

infungugwa bita charcuterie
en tranches

cOld cu75

amafunguro yo mu
mabwate

c4nn3d f00d

isabune yo kumesura

d373r63n7

ibisosa

c4ndy

ibikoresho vyo muhira

hOu53hOld prOduc75

ibikoresho vy'isuku

cl34n1n6 prOduc75

umudandaza

54l35 r3pr353n7471v3

kese

c45h r361573r

umuntu yakira amahera

c45h13r

urutonde rw' ibidandazwa

5hOpp1n6 l157

amasaha yo kugurura

0p3n1n6 hOur5

ingodomoni

w4ll37

ikarata y' amahera

cr3d17 c4rd

isakoshe

b46

ishakoshe ya parastike

pl4571c b46

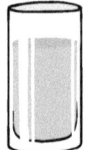

amazi

w473r

umutobe

ju1c3

amata

m1lk

koka

c0k3

umuvinyo

w1n3

ikiyeri

b33r

inzoga

4lc0h0l

kakao

c0c04

icayi

734

ikawa

c0ff33

ikawa yitwa espresso

35pr3550

ikawa yitwa kapucino

c4ppucc1n0

umuhwi

b4n4n4

ipome

4ppl3

umucungwe

0r4n63

icamwa bita melon

m3l0n

indimu

l3m0n

ikaroti

c4rr07

igitungurusumu

64rl1c

umugano

b4mb00

igitunguru

0n10n

ikizinu

mu5hr00m

ibiyoba

nu75

amakaroni

n00dl35

spagetti

5p46h3771

umuceri

r1c3

isarade

54l4d

ifiriti

fr135

ifiriti

fr13d p0747035

piza

p1zz4

hamburugere

h4mbur63r

sandwich

54ndw1ch

infungugwa bita escalope

35c4l0p3

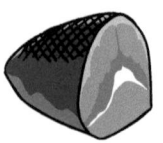

jambo

h4m

salami

54l4m1

isosiso

54u5463

inyama y' inkoko

ch1ck3n

umusoso

r0457

ifi

f15h

infungugwa bita flocons d' avoine

p0rr1d63 0475

imfungugwa bita müsli

mu35l1

infungugwa bita corn - flakes

c0rnfl4k35

ifarini

fl0ur

umukate bita croissant

cr01554n7

umukate muto

br34d r0ll

umukate

br34d

umukate bashusha

70457

ibisuguti

c00k135

amavuta

bu773r

iforomaji yera

curd

igato

c4k3

irigi

366

amafunguro bita oeuf au plat

fr13d 366

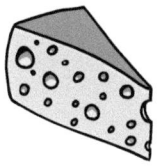

iformaji

ch3353

infungugwa bita crème
glacée
1c3 cr34m

isukari
5u64r

ubuki
h0n3y

ikonfitire
j3lly

imfungugwa bita praliné
n0u647 cr34m

infungugwa bita curry
curry

ubwororero
f4rm

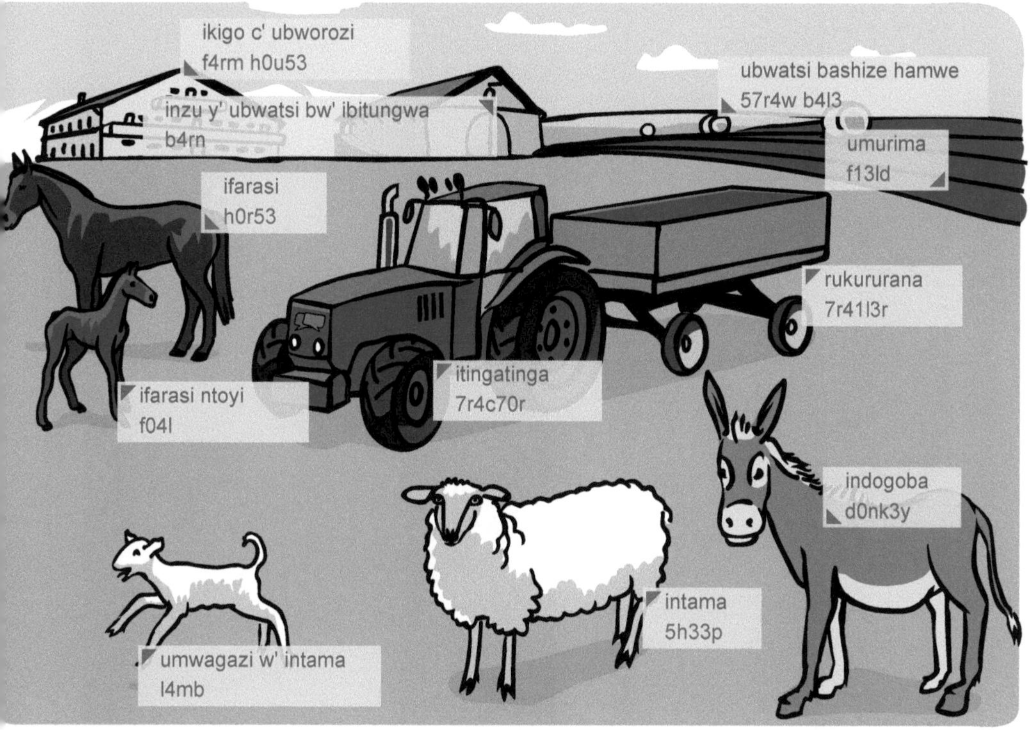

ikigo c' ubworozi
f4rm h0u53
inzu y' ubwatsi bw' ibitungwa
b4rn
ubwatsi bashize hamwe
57r4w b4l3
umurima
f13ld
ifarasi
h0r53
rukururana
7r41l3r
itingatinga
7r4c70r
ifarasi ntoyi
f04l
indogoba
d0nk3y
intama
5h33p
umwagazi w' intama
l4mb

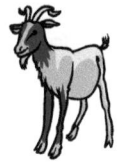

impene

6047

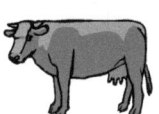

inka

c0w

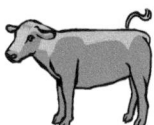

inyana

c4lf

ingurube

p16

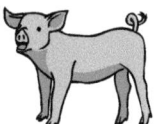

ikibuguru

p16l37

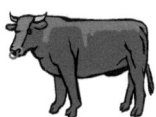

impfizi

bull

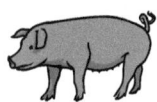

inyoni yitwa oie

60053

imbata

duck

umuswi

ch1ck

inkokokazi

h3n

isake

c0ck3r3l

imbeba nini

r47

akayabu

c47

imbeba

m0u53

ishuri

0x

imbwa

d06

umusaka w'imbwa

d06 h0u53

umuringoti wo kuvomerera
umurima

64rd3n h053

ico bakoresha basukira
amashurwe

w473r1n6 c4n

urukero

5cy7h3

majagu

pl0u6h

umuhoro

51ckl3

isuka

h03

ikinyanyagiza ibitabizo irya n'ino

p17chf0rk

ishoka

4x3

inkorofani

pu5hc4r7

ubwato

7r0u6h

icansi

m1lk c4n

umufuko

54ck

urugo

f3nc3

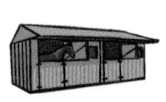

indaro y' ibitungwa

574bl3

utuzu bashusha kugirango ibimera birimwo bikure

6r33nh0u53

isi

501l

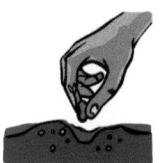

imbuto

533d

ifumbire

f3r71l1z3r

imashini yimbura

c0mb1n3 h4rv3573r

kwimbura

h4rv357

umwimbu

h4rv357

infungugwa bita igname

y4m5

ingano

wh347

isoya

50y4

ikiraya

p07470

ikigori

c0rn

ubwoko bw' ingano bita colza

r4p3533d

igiti c' ivyamwa

fru17 7r33

imyumbati

m4n10c

ibinyantete

6r41n

inzu
h0u53

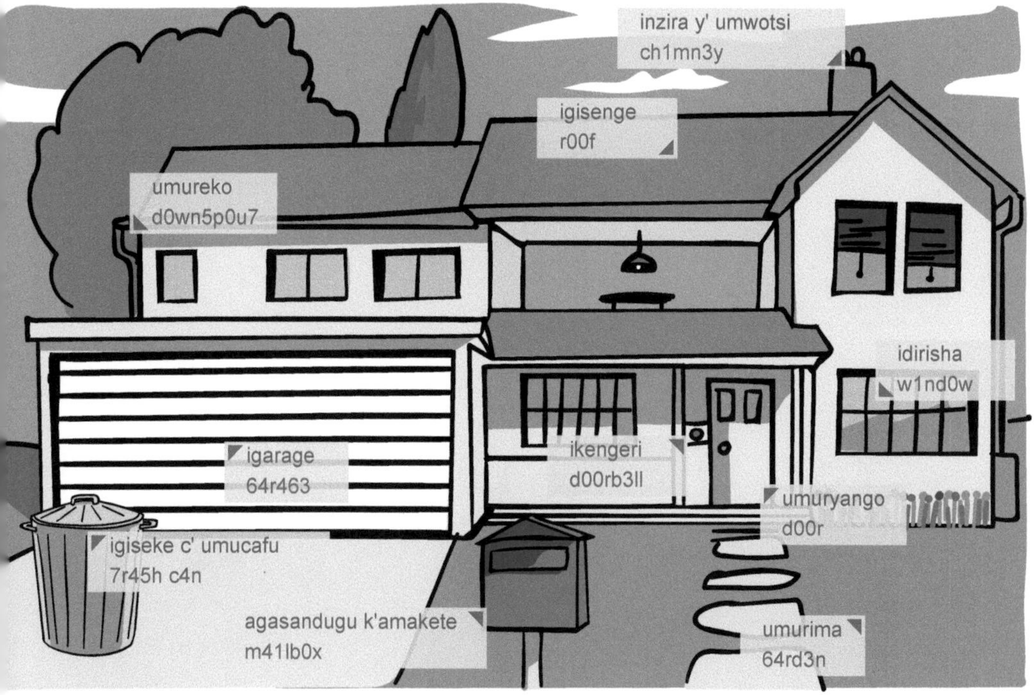

inzira y' umwotsi
ch1mn3y
igisenge
r00f
umureko
d0wn5p0u7
idirisha
w1nd0w
igarage
64r463
ikengeri
d00rb3ll
umuryango
d00r
igiseke c' umucafu
7r45h c4n
agasandugu k'amakete
m41lb0x
umurima
64rd3n

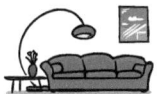

isaro

l1v1n6 r00m

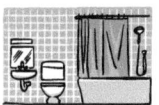

ubwogero

b47hr00m

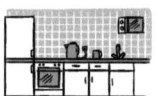

igikoni

k17ch3n

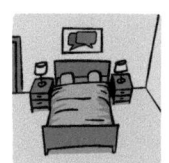

icumba co kuraramo

b3dr00m

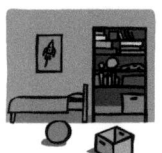

icumba c' umwana

ch1ld'5 r00m

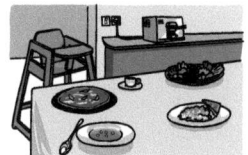

uburiro

d1n1n6 r00m

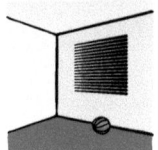

hasi

fl00r

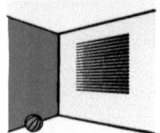

uruhome

w4ll

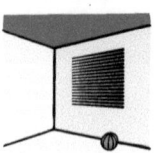

igisenge c' inzu

c31l1n6

kave

c3ll4r

sauna

54un4

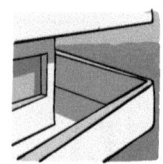

ibaraza

b4lc0ny

ibaraza

73rr4c3

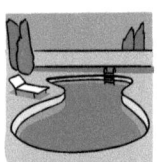

aho bogera

p00l

itondezi

l4wn m0w3r

igikaratasi

5h337

uburengeti

b3d5pr34d

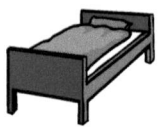

uburiri

b3d

umweyerezo

br00m

indobo

buck37

akabuto

5w17ch

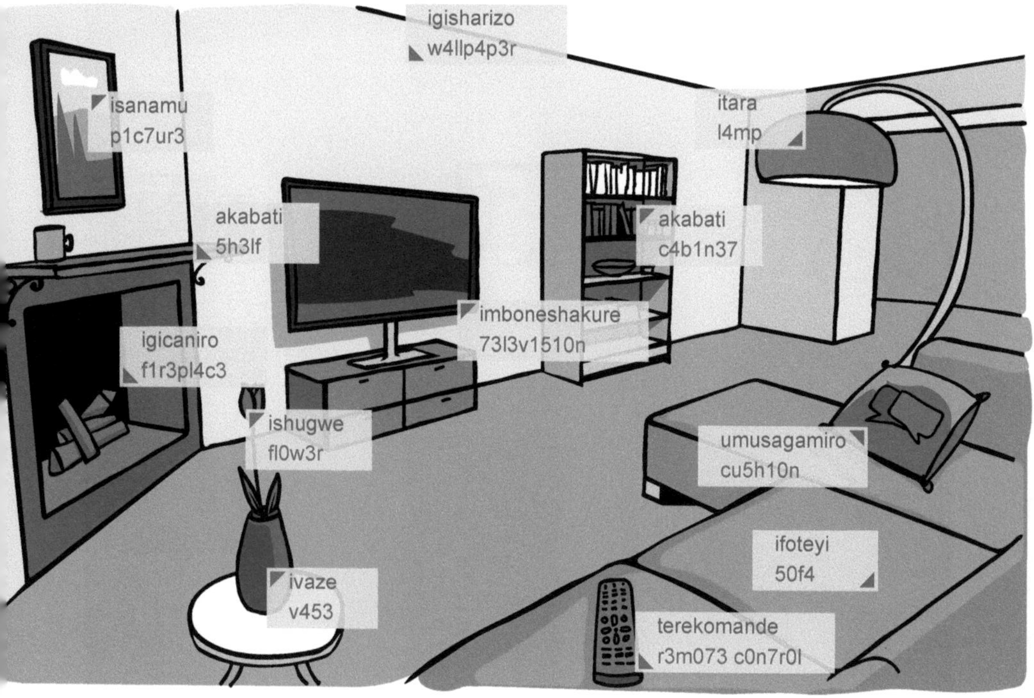

igisharizo
w4llp4p3r

isanamu
p1c7ur3

itara
l4mp

akabati
5h3lf

akabati
c4b1n37

igicaniro
f1r3pl4c3

imboneshakure
73l3v1510n

ishugwe
fl0w3r

umusagamiro
cu5h10n

ifoteyi
50f4

ivaze
v453

terekomande
r3m073 c0n7r0l

itapi
c4rp37

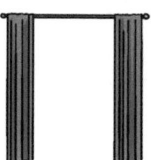

irido
dr4p3

ameza
74bl3

intebe
ch41r

intebe icundera
r0ck1n6 ch41r

ifoteyi
4rmch41r

igitabo

b00k

ikirengeti

bl4nk37

ibitako

d3c0r4710n

inkwi

f1r3w00d

ireresi

f1lm

ivyuma vy' umuziki

573r30 5y573m

urufunguruzo

k3y

ikinyamakuru

n3w5p4p3r

gusiga amarangi

p41n71n6

isanamu nini

p0573r

insamirizi

r4d10

ikaye ndangaminsi

n073b00k

asipirateri

v4cuum cl34n3r

icimera bita cactus

c4c7u5

ibuji

c4ndl3

igikoni
k17ch3n

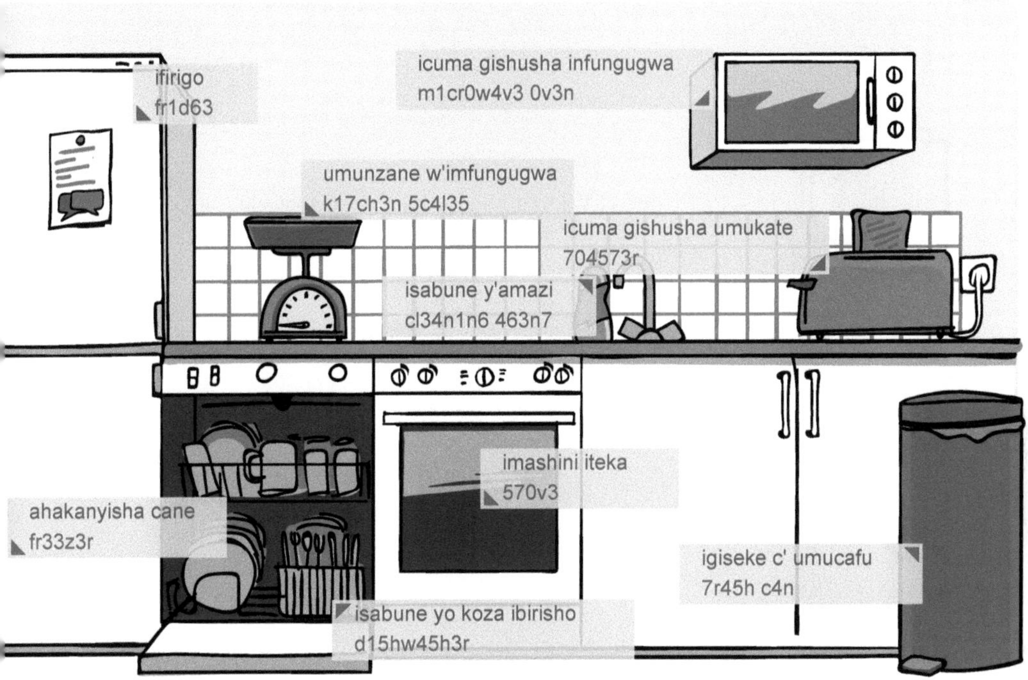
ifirigo
fr1d63
icuma gishusha infungugwa
m1crOw4v3 Ov3n
umunzane w'imfungugwa
k17ch3n 5c4l35
icuma gishusha umukate
704573r
isabune y'amazi
cl34n1n6 463n7
imashini iteka
570v3
ahakanyisha cane
fr33z3r
igiseke c' umucafu
7r45h c4n
isabune yo koza ibirisho
d15hw45h3r

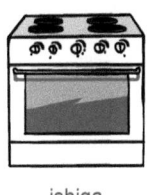

ishiga
....
c00k3r

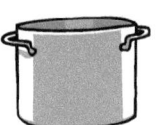

isafuriya
....
p07

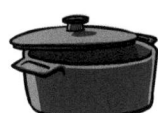

isafuriya y' icuma
....
c457-1r0n p07

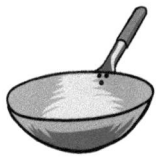

ipanu bita wok
....
w0k / k4d41

ipanu
....
p4n

akuma gashusha amazi
....
k377l3

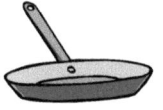

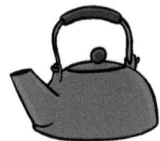

isafuriya itekesha umuhisha

5734m3r

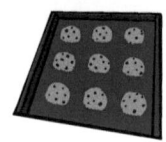

ico bakorerako imikate

b4k1n6 7r4y

ibirisho

cr0ck3ry

igikombe

mu6

ibakure

b0wl

uduti two kurisha

ch0p571ck5

icaruzo c' isupu

l4dl3

ikimamiro

5p47ul4

agakubitisho

wh15k

imashini isya ibifungurwa

57r41n3r

akayunguruzo

513v3

agakatakata imfungugwa

6r473r

agasekuro

m0r74r

icokerezo

b4rb3cu3

urucaniro

f1r3pl4c3

urubaho rwo gukatirako

ch0pp1n6 b04rd

akabaho bakoresha spageti

r0ll1n6 p1n

urupfunguzo rw'umuvinyu

c0rk5cr3w

agasandugu

c4n

urupfunguzo
rw'agasandugu

c4n 0p3n3r

ivyo gufatisha isafuriya
ishushe

0v3n cl07h

icogerezo

51nk

uburoso

bru5h

ivyogesho

5p0n63

imigiseri

bl3nd3r

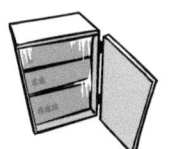

frigo nini ikanyisha cane

d33p fr33z3r

bibero

b4by b077l3

ivomo

74p

ubwogero
b47hr00m

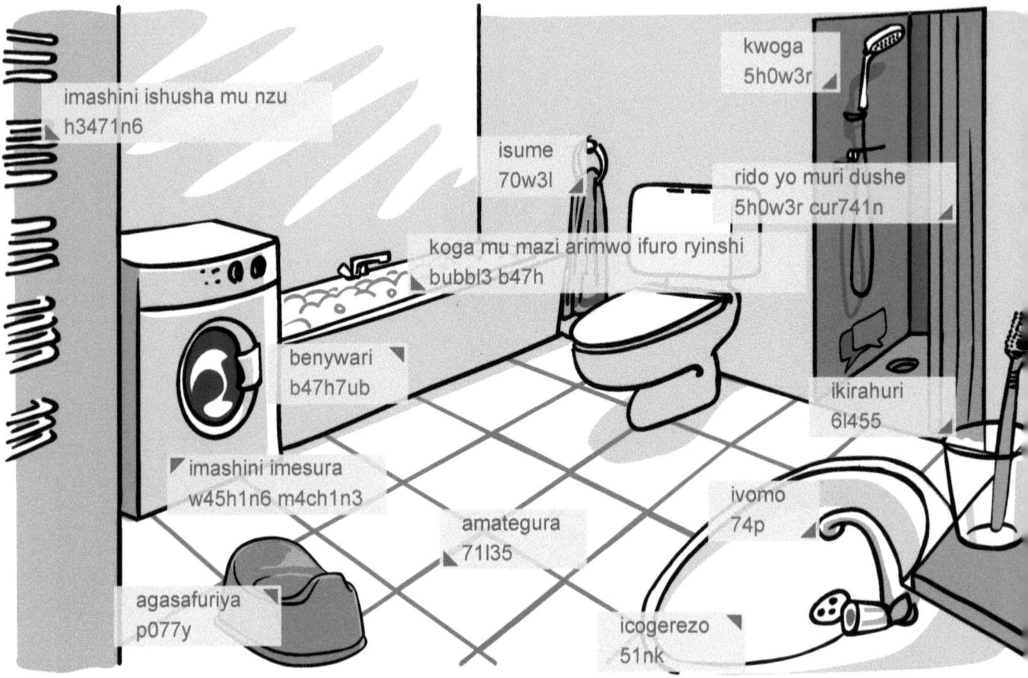

imashini ishusha mu nzu
h3471n6
kwoga
5h0w3r
isume
70w3l
rido yo muri dushe
5h0w3r cur741n
koga mu mazi arimwo ifuro ryinshi
bubbl3 b47h
benywari
b47h7ub
ikirahuri
6l455
imashini imesura
w45h1n6 m4ch1n3
ivomo
74p
amategura
71l35
agasafuriya
p077y
icogerezo
51nk

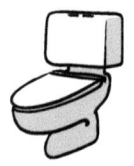

Akazu ka surwumwe

701l37

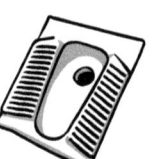

akazu ka surwumwe k'ikirundi

5qu47 701l37

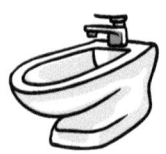

akantu gatoya bogeraho

b1d37

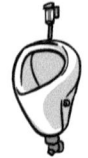

aho basoba

ur1n4l

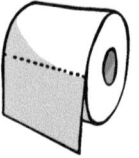

ibikaratase vyo kwi sukuza mu nzu ya surwumwe

701l37 p4p3r

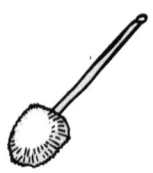

uburoso bwoza akazu ka surwumwe

701l37 bru5h

umujigiti

7007hbru5h

umuti wo koza amenyo

7007hp4573

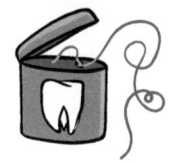

utugozi two gusukura amenyo

d3n74l fl055

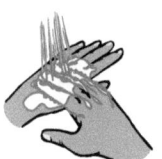

koza

w45h

ikinyuko

h4nd 5h0w3r

ubwoko bwa dushe

d0uch3

ico bakarabiramo intoki

b451n

uburoso busukura mu mugongo

b4ck bru5h

isabune

504p

isabuni yo kwoga

5h0w3r 63l

shampo

5h4mp00

agatambara ko kwisukura

fl4nn3l

umuringoti

dr41n

amavuta yo kwisiga

cr3m3

iparufe yo mu kwaha

d30d0r4n7

icirore

m1rr0r

icirore

h4nd m1rr0r

imashini imwa ubwanwa

r4z0r

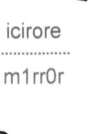

ifuro ryo kumwa ubwanwa

5h4v1n6 f04m

umuti basiga aho bamoye

4f73r5h4v3

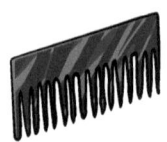

igisokozo

c0mb

uburoso

bru5h

akuma kumutsa umushatsi

h41r-dry3r

amavuta bapuriza mu mushatsi

h41r5pr4y

ibikoresho vyo kwipodora

m4k3up

amavuta afise ibara yo k'umunywa

l1p571ck

verni y'inzara

n41l v4rn15h

ipampa

c0770n w00l

umukasi uca inzara

n41l 5c1550r5

iparufe

p3rfum3

agasaho k' ivyo kwisukura
ku rugendo
....
w45hb46

agatebe
....
5700l

umunzane
....
w316h1n6 5c4l35

penywari
....
b47hr0b3

udufuko tw' intoke iyo
bakora isuku
....
rubb3r 6l0v35

kotegisi
....
74mp0n

kotegisi
....
54n174ry 70w3l

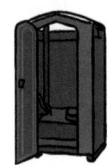

ubwoko bw'akazu ka
surwumwe
ch3m1c4l 701l37

icumba c' umwana

ch1ld'5 r00m

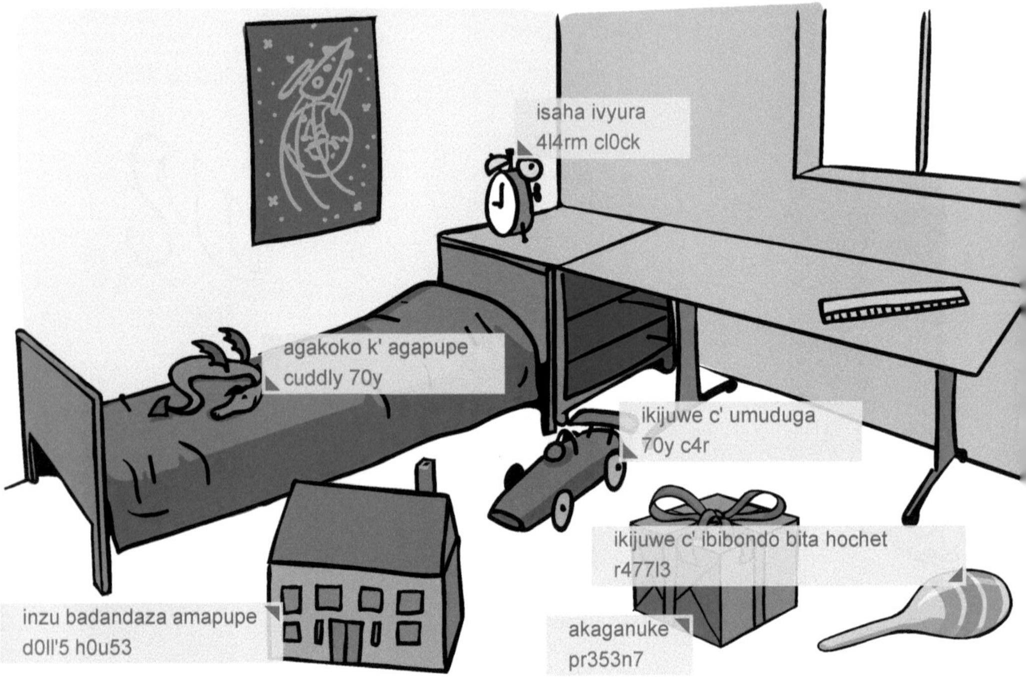

isaha ivyura
4l4rm cl0ck
agakoko k' agapupe
cuddly 70y
ikijuwe c' umuduga
70y c4r
ikijuwe c' ibibondo bita hochet
r477l3
inzu badandaza amapupe
d0ll'5 h0u53
akaganuke
pr353n7

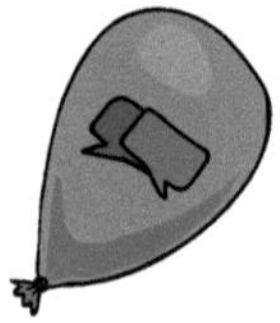

igipurizo

b4ll00n

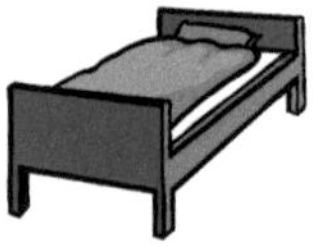

uburiri

b3d

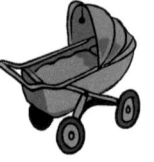

57r0ll3r

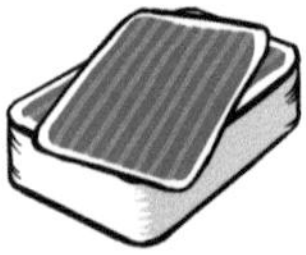

urukino rw' ikarata

d3ck 0f c4rd5

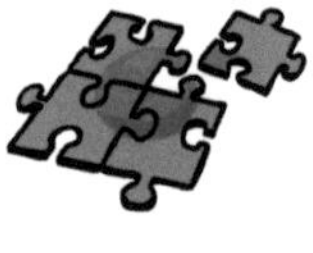

urukino bita puzile

j1654w

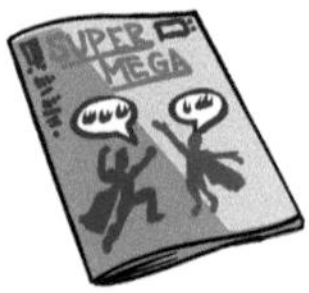

ibitabo vy' amashusho

c0m1c

urukino bita lego
....
l360 br1ck5

ibijuwe vyo kubaka
....
70y bl0ck5

ipupe
....
4c710n f16ur3

impuzu yo kurarana y
¨abana¨
r0mp3r 5u17

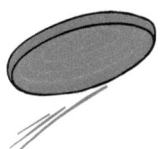

urukino bita frisbi
....
fr15b33

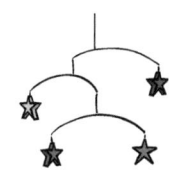

udukinisho two ku buriri bw'
ibibondo
....
m0b1l3

urukino rwo kumeza
....
b04rd 64m3

agakinisho bita de
....
d1c3

gari ya moshi z' ibikinisho
....
m0d3l 7r41n 537

madanganya
....
dummy

umunsi mukuru
....
p4r7y

igitabo c' ibicapo
....
p1c7ur3 b00k

umupira
....
b4ll

igipupe
....
d0ll

gukina
....
pl4y

umusenyi abana bakiniramwo
54ndp17

uruvuma
5w1n6

ikijuwe
70y

urukino nyabwonko
v1d30 64m3 c0n50l3

ikinga ry'amapine atatu
7r1cycl3

igikoko bita ours c 'ikijuwe
73ddy b34r

akabati k' impuzu
w4rdr0b3

impuzu

cl07h1n6

amashesheti
50ck5

amashesheti maremare
570ck1n65

ubwoko bw'impuzu zifata
kandi zigaruka cane
716h75

furari
5c4rf

umwumvuri
umbr3ll4

umusipi
b3l7

agapira kadafise amabo
7-5h1r7

ibirato biduga kumurundi
b0075

ibirato vyo mu nzu
5l1pp3r5

ibirato vya tenis
5n34k3r5

isandari
54nd4l5

ibirato
5h035

ingamiya
rubb3r b0075

imwesho
br13f5

isutiye
br4

isengeri
und3r5h1r7

impuzu z' imbere

b0dy

ipantaro

p4n75

ijinisi

j34n5

ijipo

5k1r7

agashati koroshe kabagore

bl0u53

ishati

5h1r7

umupira w' imbeho

pull0v3r

umupira w'imbeho ufise
inkofero

5w3473r

blazeri

bl4z3r

ikoti

j4ck37

ikoti rirerire

c047

ikoti y'imvura

r41nc047

kositime

c057um3

ikanzu

dr355

ikazu y'umugeni

w3dd1n6 dr355

kosulime
....
5u17

ikanzu yo kurarana
....
n16h760wn

impuzu z' ijoro
....
p4j4m45

imvutano z'abahindi
....
54r1

igitambara co mu mutwe
....
h34d5c4rf

igitambara co mu mutwe
bita turban
....
7urb4n

impuzu z' abasiramukazi
....
burk4

ikanzu bita kaftan
....
k4f74n

impuzu y' abasiramu
....
4b4y4

impuzu yo kogana
....
5w1m5u17

impuzu yo kwogana
y'abagabo
7runk5

imwesho
....
5h0r75

itereningi
....
7r4ck5u17

itaburiya
....
4pr0n

udufuko tw' intoke
....
6l0v35

igifungo

bu770n

amarori

6l45535

igikomo

br4c3l37

akadede

n3ckl4c3

impeta

r1n6

ihereni

34rr1n6

inkofero

c4p

porutemanto

c047 h4n63r

inkofero

h47

karavate

713

imashini

z1p

inkofero yo kwikingira

h3lm37

imisipi

br4c35

impuzu y' ishure

5ch00l un1f0rm

umwambaro rusangi w'ahantu

un1f0rm

utwo bambika ibibondo iyo
birya
....
b1b

madanganya
....
dummy

iranje
....
d14p3r

seriveri
53rv3r

akabati k' ivyangombwa
f1l1n6 c4b1n37

urukaratasi
p4p3r

empirimante
pr1n73r

ekra
m0n170r

ameza yo kwandikirako
d35k

suri
m0u53

ico bashiramwo ivyangombwa
f0ld3r

karaviye
k3yb04rd

seke bajugunyamo amakaratasi
673-p4p3r b45k37

nyabwonko
c0mpu73r

intebe
ch41r

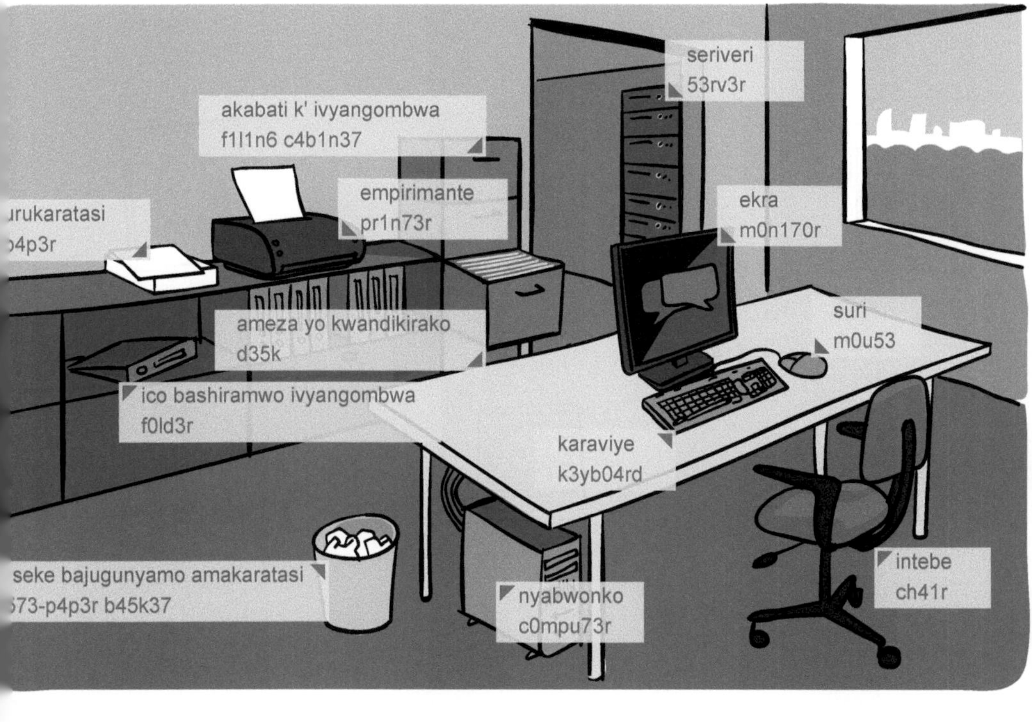

igikombe c' ikawa
....
c0ff33 mu6

imashini iharura
....
c4lcul470r

ubuhinga
ngurukanabumenyi
1n73rn37

inyabwonko ngendanwa

l4p70p

ikete

l3773r

ubutumwa

m355463

telefoni ngendanwa

c3ll phOn3

rezo

n37wOrk

fotokopiyeze

ph070cOp13r

rojisiyeri

50f7w4r3

telefoni

73l3phOn3

purize

plu6 50ck37

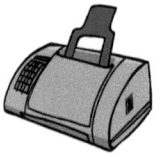

fagisi

f4x m4ch1n3

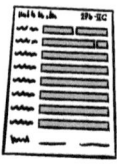

urukaratasi rwo kuzuza

fOrm

icangombwa

dOcum3n7

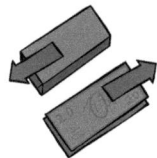

kugura

buy

kuriha

p4y

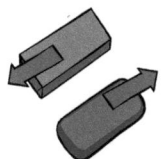

kudandaza

7r4d3

amahera

m0n3y

 USD

idorari

d0ll4r

 EUR

iyero

3ur0

JPY

iyene

y3n

RUB

amahera y' abarusiya

r0ubl3

CHF

amahera y' abasuwisi

5w155 fr4nc

CNY

amahera bita renmimbi

yuan

r3nm1nb1 yu4n

INR

amahera bita rupi

rup33

icuma gitanga amahera

c45h p01n7

ku bavunjayi

curr3ncy 3xch4n63 0ff1c3

inzahabu

60ld

umujumbu

51lv3r

ipeteroli

01l

inguvu

3n3r6y

ikiguzi

pr1c3

amasezerano

c0n7r4c7

amakori

74x

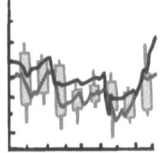

igice

570ck

gukora

w0rk

umukozi

3mpl0y33

umukoresha

3mpl0y3r

ihinguriro

f4c70ry

akaduka

5h0p

umupolisi
p0l1c3 0ff1c3r

umukozi ajejwe kuzimya umuriro
f1r3m4n

umuboyi
c00k

umuganga
d0c70r

umudereva w' indege
p1l07

umukozi akora murikarima

64rd3n3r

umubaji

c4rp3n73r

umushonyi

534m57r355

umucamanza

jud63

umuhinga mu vya chimie

ch3m157

umukinyi w'amareresi

4c70r

umudereva w' ibisi

bu5 dr1v3r

umudereva w' itagisi

74x1 dr1v3r

umurovyi

f15h3rm4n

umuzezwanzukazi

cl34n1n6 l4dy

sharupantiye

r00f3r

umukozi wo muburiro n'ubunywero

w4173r

umuhigi

hun73r

umufundi w' amarangi

p41n73r

umuntu akora imikate

b4k3r

umufundi w' amatara

3l3c7r1c14n

umwubatsi

bu1ld3r

enjeniyeri

3n61n33r

umuyangayanga

bu7ch3r

umufundi w' amazi

plumb3r

umuparanto

p057m4n

umusoda
50ld13r

umuntu acapa inyubako
4rch173c7

umuntu yakira amahera
c45h13r

mukozi ajejwe amashugwe
fl0r157

kimyozi
h41rdr3553r

kontororeri
c0nduc70r

umufundi w' imiduga
m3ch4n1c

umudereva w' ubwato
c4p741n

umuganga w' amenyo
d3n7157

umuhinga mu vya siyansi
5c13n7157

umuhinga mu bayahudi bita
rabi
r4bb1

imame
1m4m

umuvugiramana
m0nk

umuvugiramana
p4570r

ibikoresho vy' ubwubatsi
700l5

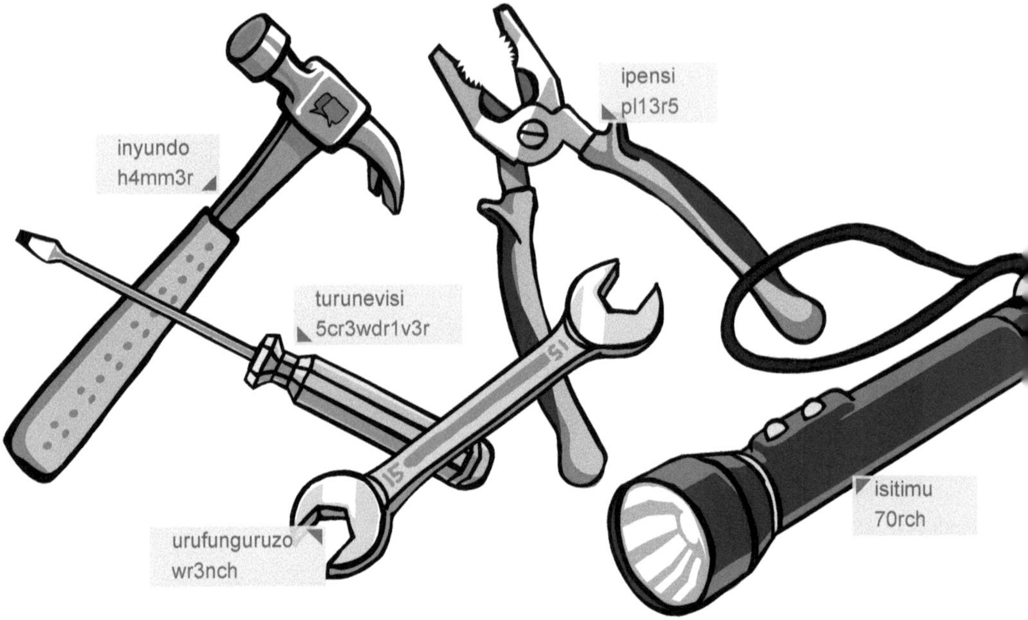
inyundo
h4mm3r
ipensi
pl13r5
turunevisi
5cr3wdr1v3r
urufunguruzo
wr3nch
isitimu
70rch

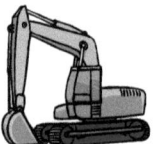

tingatinga

3xc4v470r

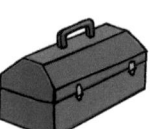

isaho y' ibikoresho

700lb0x

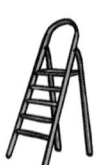

ingazi

l4dd3r

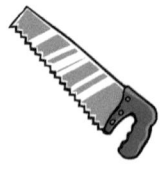

umusumeno

54w

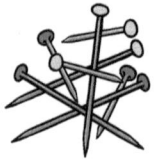

imisumari

n41l5

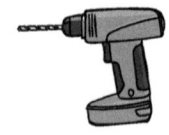

icuma bita foreuse

dr1ll

gukora

r3p41r

igipawa

5h0v3l

asyi!

d4mn!

agaterura umucafu

du57p4n

indobo y' irangi

p41n7 c4n

ivis

5cr3w5

ivyuma vyo gucuraranga

mu51c4l 1n57rum3n75

icuma bita Haut parleur

l0ud 5p34k3r

icuma ca musika bita batterie

drum 537

igitari

6u174r

icuma ca musika bita contrebasse

d0ubl3 b455

icuma ca musika bita trompette

7rump37

icuma ca musika bita piano

p14n0

icuma ca musika bita violon

v10l1n

gitare icuranga Bass

b455

icuma ca musika bita
timbate
71mp4n1

ingoma

drum5

icuma ca musika bita piano
electrique

k3yb04rd

icuma ca musika bita
saxophone

54x0ph0n3

umwirongi

flu73

mikoro

m1cr0ph0n3

iratiro ry' ibikoko

z00

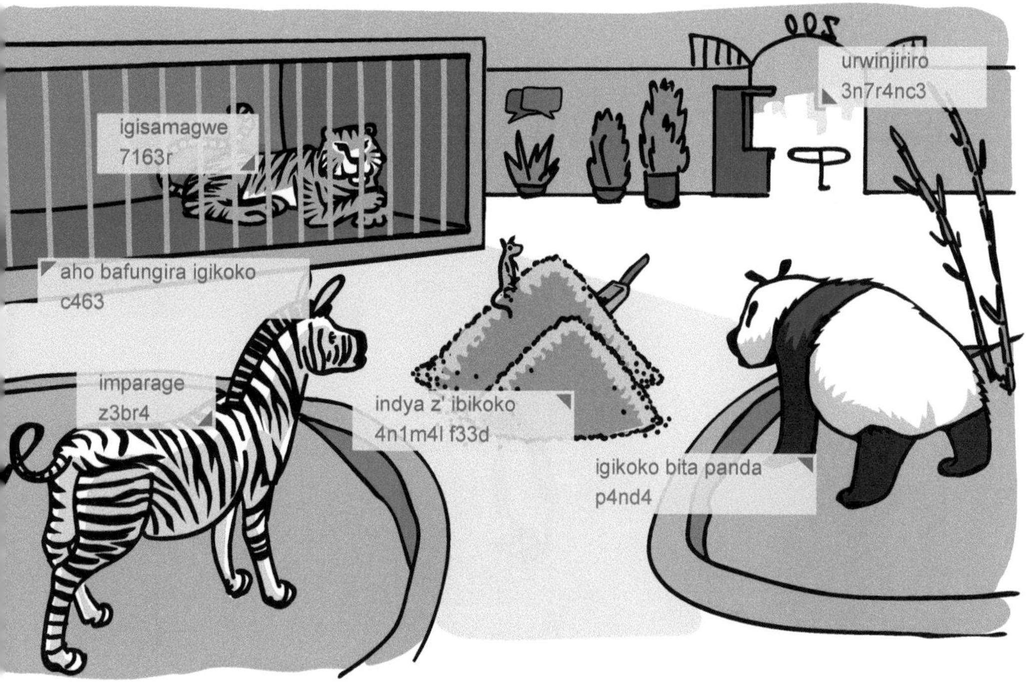

urwinjiriro
3n7r4nc3
igisamagwe
7163r
aho bafungira igikoko
c463
imparage
z3br4
indya z' ibikoko
4n1m4l f33d
igikoko bita panda
p4nd4

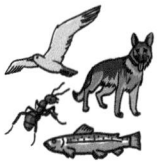

ibikoko

4n1m4l5

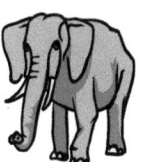

inzovu

3l3ph4n7

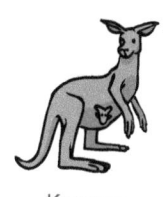

Kanguru

k4n64r00

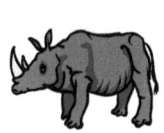

igikoko bita Rhynoceros

rh1n0

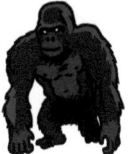

inguge

60r1ll4

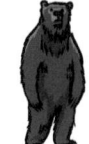

igikoko bita ours

b34r

ingamiya

c4m3l

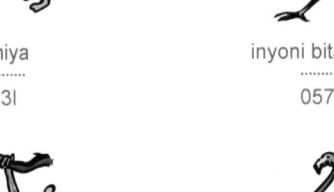

inyoni bita autriche

057r1ch

intare

l10n

inkende

m0nk3y

inyoni bita flamant rose

fl4m1n60

gasuku

p4rr07

igikoko bita ours blanc

p0l4r b34r

inyoni bita pinguin

p3n6u1n

ifi bita requin

5h4rk

inyoni bita paon

p34c0ck

inzoka

5n4k3

ingona

cr0c0d1l3

umurinzi w' iratiro ry' ibikoko

z00k33p3r

igikoko bita phoque

534l

igikoko bita jaguar

j46u4r

bwoko bw' ifarasi bita pony

p0ny

ingwe

l30p4rd

imvubu

h1pp0

umusumbarembo

61r4ff3

agaca

346l3

ingurube y' ishamba

b04r

ifi

f15h

akanyamasyo

7ur7l3

igikoko bita morse

w4lru5

imbwebwe

f0x

ingeregere

64z3ll3

urukino rwa football yo muri amerika
4m3r1c4n f007b4ll

ugusiganwa ku makinga
cycl1n6

urukino rwa tennis
73nn15

urukino rwa basketball
b45k37b4ll

koga
5w1mm1n6

urukino rw' ingumu
b0x1n6

urukino rwa ice-hockey
1c3 h0ck3y

umupira w'amaguru
50cc3r

urukino rwa badminton
b4dm1n70n

ubunonotsi
47hl371c5

urukino rwa handball
h4ndb4ll

urukino rwa ski
5k11n6

urukino rwa Polo
p0l0

gutwenga
l4u6h

gusimba
jump

kugumbirana
hu6

kugenda
w4lk

kururimba
51n6

kurota
dr34m

gusenga
pr4y

gusoma
k155

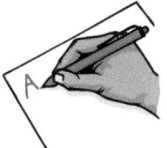

kwandika

wr173

gucapa

dr4w

kwereka

5h0w

gusuguma

pu5h

gutanga

61v3

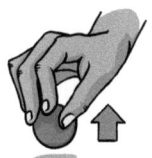

gutora

74k3

kugira

h4v3

kugira

d0

kuba

b3

guhagarara

574nd

kwiruka

run

gukwega

pull

guta

7hr0w

gutemba

f4ll

kurambarara hasi

l13

kurindira

w417

gutwara

c4rry

kwicara

517

kwambara

637 dr3553d

kuryama

5l33p

kuvyuka

w4k3 up

kuraba

l00k 47

kurira

cry

kwagaza

57r0k3

gusokoza

c0mb

kuvuga

74lk

gutahura

und3r574nd

kubaza

45k

kumviriza

l1573n

kunywa

dr1nk

gufungura

347

gutondeka

71dy up

gukunda

l0v3

guteka

c00k

gutwara

dr1v3

kuguruka

fly

kugira siporo bita voile

5411

guharura

c4lcul473

gusoma

r34d

kwiga

l34rn

gukora

w0rk

kurongora

m4rry

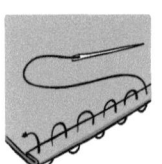

gushona

53w

kwijigitura

bru5h 7337h

kwica

k1ll

kunywa itabi

5m0k3

kurungika

53nd

umuryango
f4m1ly

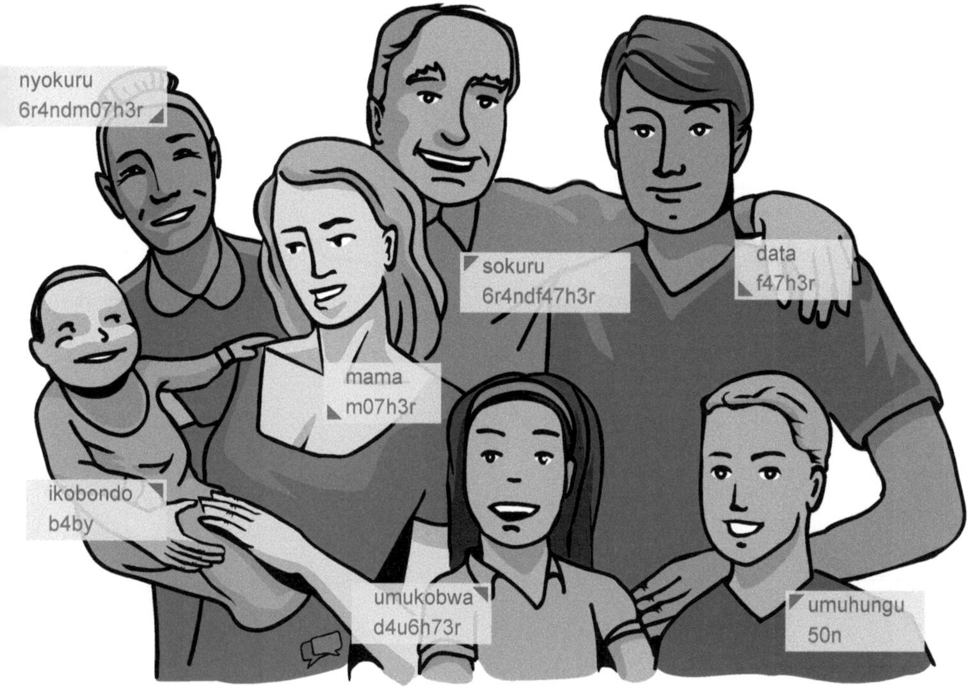

nyokuru
6r4ndm07h3r
sokuru
6r4ndf47h3r
data
f47h3r
mama
m07h3r
ikobondo
b4by
umukobwa
d4u6h73r
umuhungu
50n

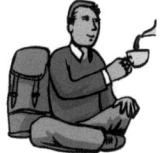

umushitsi

6u357

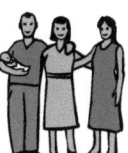

masenge

4un7

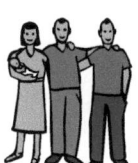

marume

uncl3

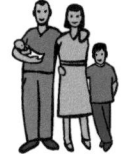

musaza w' umuntu

br07h3r

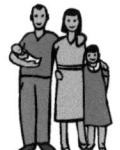

mushiki w' umuntu

51573r

umubiri
b0dy

agahanga
f0r3h34d
ijisho
3y3
urutugu
5h0uld3r
urutoki
f1n63r
isura
f4c3
agasakanwa
ch1n
ikiganza
h4nd
ukuguru
l36
agatuntu
br3457
ukuboko
4rm

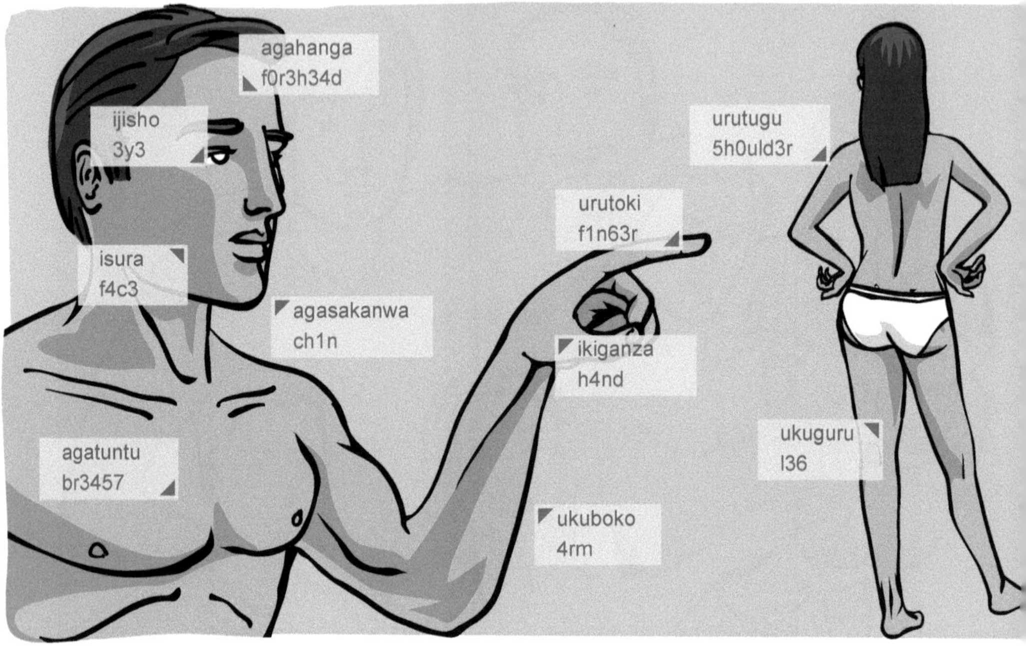

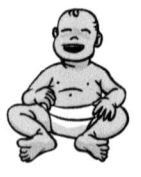

ikobondo
b4by

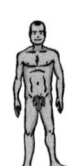

umugabo
m4n

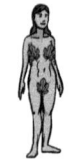

umugore
w0m4n

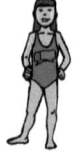

umwigeme
61rl

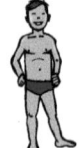

umuhungu
b0y

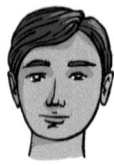

umutwe
h34d

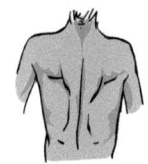

umugongo

b4ck

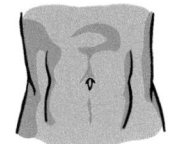

inda

b3lly

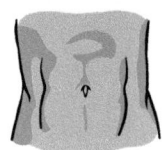

umukondo

n4v3l

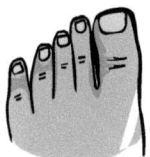

ino

703

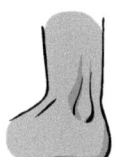

agatsintsiri

h33l

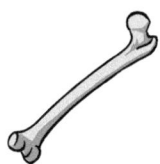

igufa

b0n3

ku mafyigo

h1p

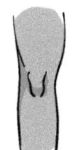

ivi

kn33

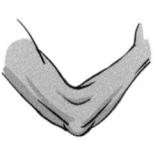

inkokora

3lb0w

izuru

n053

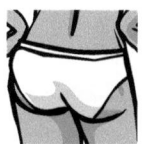

igisusu

bu770ck5

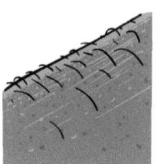

urukoba

5k1n

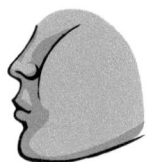

itama

ch33k

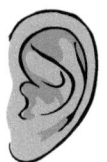

ugutwi

34r

umunwa

l1p

umunwa

m0u7h

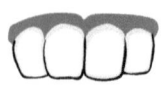

iryinyo

7007h

ururimi

70n6u3

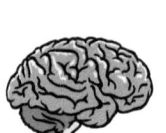

ubwonko

br41n

umutima

h34r7

umutsi

mu5cl3

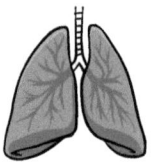

ihaha

lun6

igitigu

l1v3r

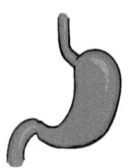

umushishito

570m4ch

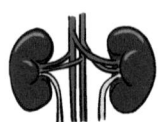

amafyigo

k1dn3y5

kurangura amabanga
y'abubatse
53x

agapfuko

c0nd0m

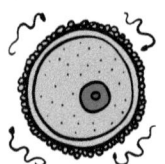

imbuto y' umugore

0vum

imbuto y'umugabo

53m3n

imbanyi

pr36n4ncy

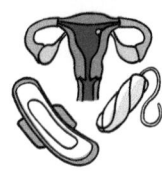

kuja mu kwezi

m3n57ru4710n

igituba

v461n4

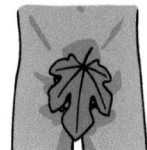

imboro

p3n15

ingohe

3y3br0w

umushatsi

h41r

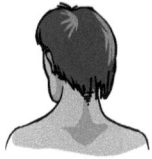

izosi

n3ck

ibitaro
h05p174l

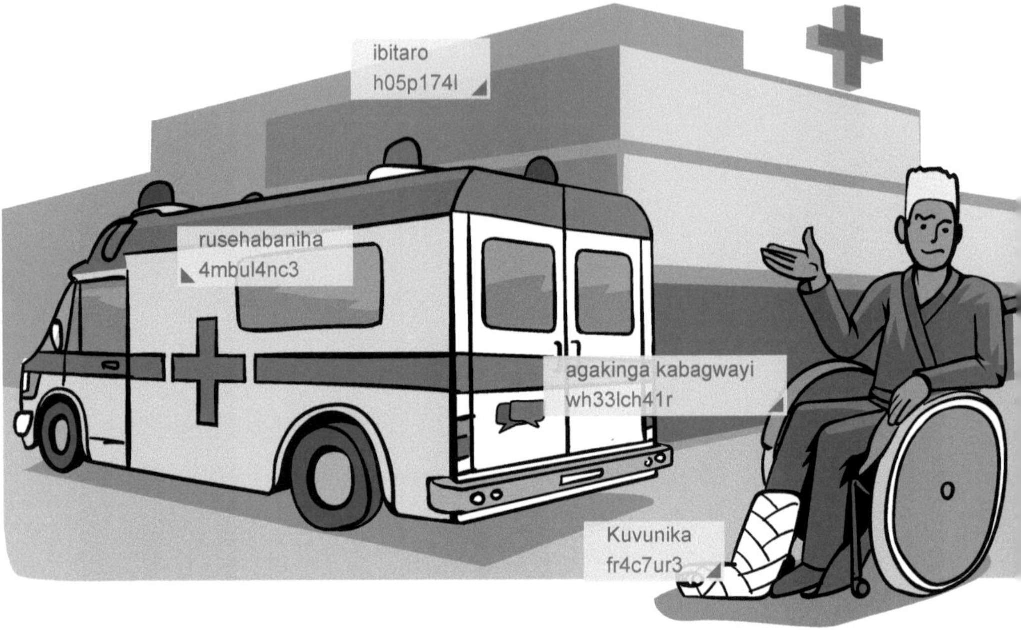

ibitaro
h05p174l
rusehabaniha
4mbul4nc3
agakinga kabagwayi
wh33lch41r
Kuvunika
fr4c7ur3

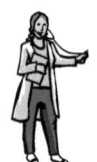

umuganga

d0c70r

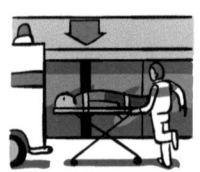

mundembe

3m3r63ncy r00m

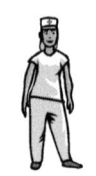

umuforomokazi

nur53

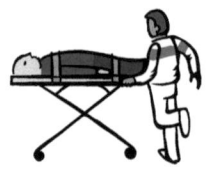

irijanse

3m3r63ncy

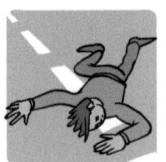

guta ubwenge

unc0n5c10u5

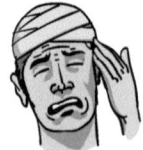

ububabare

p41n

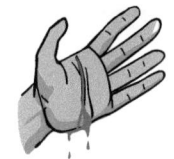

igikomere

1njury

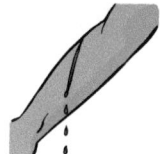

kuva amaraso

bl33d1n6

uguhagarara k' umutima

h34r7 4774ck

kuvira indani

57r0k3

guhurirwa

4ll3r6y

inkorora

c0u6h

ubushuhe bw'umubiri

f3v3r

giripe

flu

gucibwamwo

d14rrh34

kumeneka umutwe

h34d4ch3

Kanseri

c4nc3r

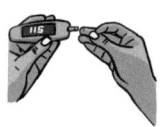

Diyabeti

d14b3735

muganga ajejwe kubaga

5ur630n

akuma ka muganga ubaga

5c4lp3l

kubagwa

0p3r4710n

sikaneri

c7

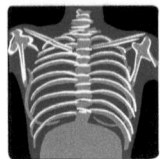

radiyogarafi

x-r4y

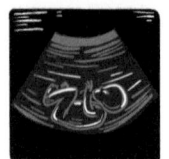

ekogarafi

ul7r450und

masike

f4c3 m45k

indwara

d153453

aho kurindirira

w4171n6 r00m

icishimikizo

cru7ch

gufuka igikomere

pl4573r

gufuka igikomere

b4nd463

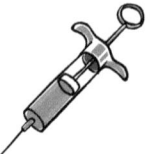

gutera urushinge

1nj3c710n

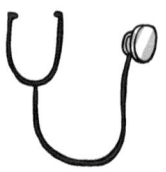

icuma cumviriza amahaha n'umutima

5737h05c0p3

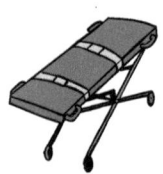

ingovyi

57r37ch3r

igipima umuriro w' umubiri

cl1n1c4l 7h3rm0m373r

kuvuka

b1r7h

umuvyibuho urengeje

0v3rw316h7

igifasha umuntu kumva
neza
h34r1n6 41d

imiti y' ibikomere

d151nf3c74n7

kwandura

1nf3c710n

umugera

v1ru5

umugera wa sida

h1v / 41d5

ubuvuzi

m3d1c1n3

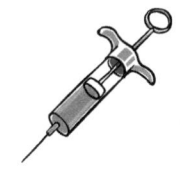

guhabwa urucanco

v4cc1n4710n

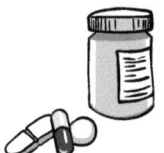

ibinini

74bl375

ikinini mbonezamvyaro

p1ll

telefone itabaza

3m3r63ncy c4ll

igipima umuvuduko w'
amaraso
bl00d pr355ur3 m0n170r

arwaye / akomeye

1ll / h34l7hy

muntabare!

h3lp!

ikengere

4l4rm

igitero

4554ul7

igitero

4774ck

ibihe bikomeye

d4n63r

icanzo

3m3r63ncy 3x17

umuriro!

f1r3!

ikizimyamwoto

f1r3 3x71n6u15h3r

isanganya

4cc1d3n7

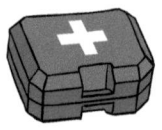

isanduku y' ubutabazi

f1r57-41d k17

ubutabazi

505

igipolisi

p0l1c3

Buraya

3ur0p3

Uburaruko bw' amerika

n0r7h 4m3r1c4

Ubumanuko bw' amerika

50u7h 4m3r1c4

Afurika

4fr1c4

Aziya

4514

Ositarariya

4u57r4l14

ibahari y' Antalantika

47l4n71c

ibahari ya Pasifika

p4c1f1c

ibahari y' Ubuhinde

1nd14n 0c34n

ibahari y' Antaragitika

4n74rc71c 0c34n

ibahari y' Aragitika

4rc71c 0c34n

Uburaruko bw' umubumbe w' isi

n0r7h p0l3

Ubumanuko bw' umubumbe
w' isi
50u7h p0l3

antaragitika
4n74rc71c4

isi
34r7h

isi
l4nd

ibahari
534

izinga
15l4nd

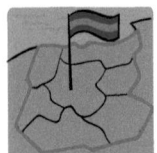

igihugu
n4710n

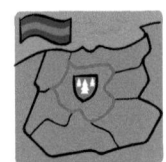

reta
57473

aho barabira isaha

cl0ck f4c3

urushinge rw' amasaha

h0ur h4nd

urushinge rw' iminota

m1nu73 h4nd

urushinge rw' amasegonda

53c0nd h4nd

ni gihe ki?

wh47 71m3 15 17?

umunsi

d4y

igihe

71m3

ubu nyene

n0w

isaha ya electronique

d16174l w47ch

umunota

m1nu73

isaha

h0ur

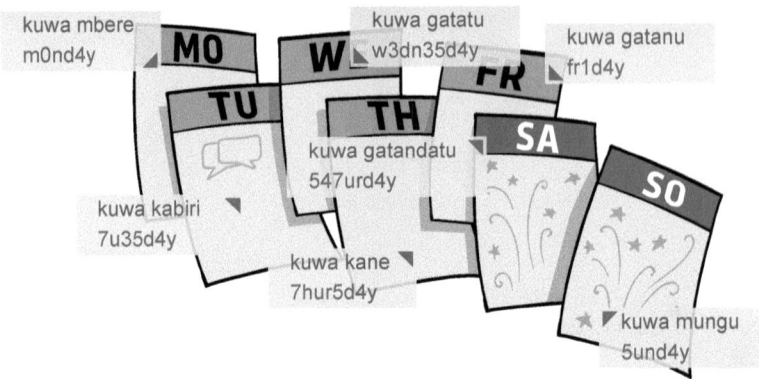

kuwa mbere
m0nd4y

kuwa kabiri
7u35d4y

kuwa gatatu
w3dn35d4y

kuwa kane
7hur5d4y

kuwa gatanu
fr1d4y

kuwa gatandatu
547urd4y

kuwa mungu
5und4y

ejo haheze
y3573rd4y

ubunyene
70d4y

ejo hazoza
70m0rr0w

mu gatondo
m0rn1n6

sasita
n00n

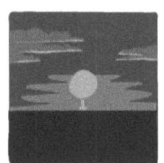

ku mugoroba
3v3n1n6

iminsi y' ibikorwa
w0rkd4y5

weekende
w33k3nd

umwaka

y34r

imvura
r41n
umunywamazi
r41nb0w
urubura
5n0w
umuyaga
w1nd
igihe c' umwaka bita printemps
5pr1n6
igihe c' umwaka bita Automne
f4ll
ici
5umm3r
igihe c' umwaka bita hiver
w1n73r

4.APRIL 11°
5.APRIL 4°
6.APRIL 13°
7.APRIL 8°
8.APRIL 10°

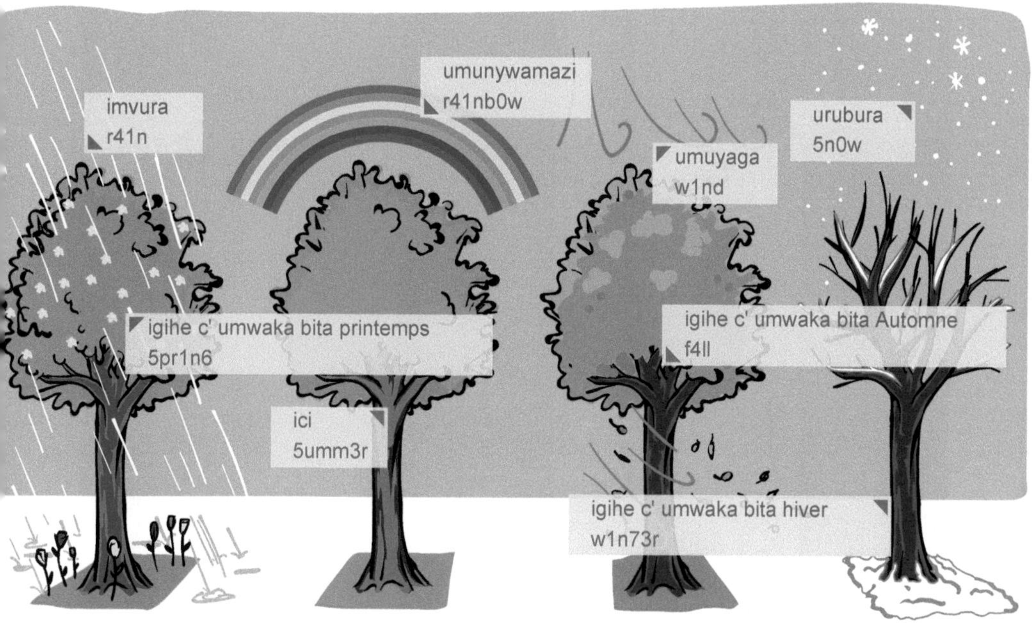

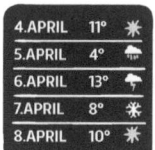

ikirangabihe
w347h3r f0r3c457

F C
120 40
90 30
60 20
30 10
0 0
-30 -10
-20

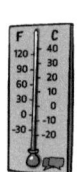

igipima ubushuhe bw' umubiri
7h3rm0m373r

ubuseruko bw' izuba
5un5h1n3

igicu
cl0ud

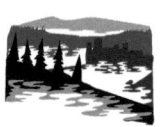

igipfungu
f06

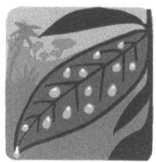

ifira
hum1d17y

umuravyo

l16h7n1n6

inkuba

7hund3r

igihuhusi

570rm

urubura

h41l

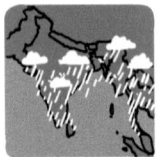

igihuhusi bita mousson

m0n500n

umwuzure

fl00d

ibarafu

1c3

nzero

j4nu4ry

ruhuhuma

f3bru4ry

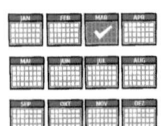

ntwarante

m4rch

ndamukiza

4pr1l

rusama

m4y

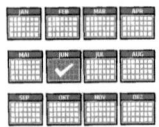

ruhenshi

jun3

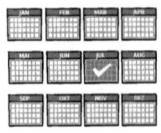

mukakaro

july

myandagaro

4u6u57

82

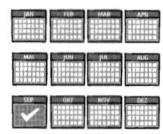

nyakanga
....
53p73mb3r

gitugutu
....
0c70b3r

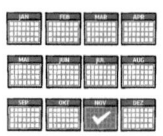

munyonyo
....
n0v3mb3r

migarama
....
d3c3mb3r

forume geometrike
5h4p35

umuzingi
....
c1rcl3

ikwadarato
....
5qu4r3

urikiramende
....
r3c74n6l3

inyabutatu
....
7r14n6l3

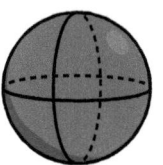

umubumbe
....
5ph3r3

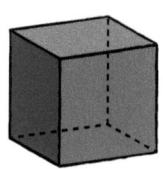

agasandugu
....
cub3

ibara ryera

wh173

ibara ry' umuhondo

y3ll0w

ibara risa n' umucungwe

0r4n63

ibara rya rose

p1nk

ibara ritukura

r3d

ibara rya mauve

purpl3

ibara ry' ubururu

blu3

ibara ry'icatsi kibisi

6r33n

ibara ry' igihogo

br0wn

ibara rya gris

6r4y

ibara ryirabura

bl4ck

vyinshi / bikeyi

4 l07 / 4 l177l3

washavuye / utekereje

4n6ry / c4lm

mwiza / mubi

b34u71ful / u6ly

intanguriro / iherezo

b361nn1n6 / 3nd

kinini / gitoyi

b16 / 5m4ll

gikeye / cijimye

br16h7 / d4rk

nusaza w' umuntu / mushiki
w' umuntu

br07h3r / 51573r

gisukuye / gicafuye

cl34n / d1r7y

gikwiye / gicagatiye

c0mpl373 / 1nc0mpl373

umunsi / ijoro

d4y / n16h7

wapfuye / ariho

d34d / 4l1v3

cagutse / caga

w1d3 / n4rr0w

kiryoshe / kibishe

3d1bl3 / 1n3d1bl3

umutima mubi / umutima mwiza

3v1l / k1nd

anezerewe / arambiwe

3xc173d / b0r3d

kivyibushe / conze

f47 / 7h1n

cambere / canyuma

f1r57 / l457

umugenzi / umwansi

fr13nd / 3n3my

cuzuye / kiri gusa

full / 3mp7y

kigumye / coroshe

h4rd / 50f7

kiremereye / gihwahutse

h34vy / l16h7

inzara / inyota

hun63r / 7h1r57

arwaye / akomeye

1ll / h34l7hy

cemewe n'amategeko / kitemewe n'amategeko

1ll364l / l364l

incabwenge / ikijuju

1n73ll163n7 / 57up1d

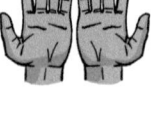

ibubamfu / iburyo

l3f7 / r16h7

hafi / kure

n34r / f4r

gishasha / gishaje

n3w / u53d

ntaco / kiriho

n07h1n6 / 50m37h1n6

umutama / urwaruka

0ld / y0un6

kwatsa / kuzimya

0n / 0ff

kugurura / kugara

0p3n / cl053d

gitekereje / gifise urwamo

qu137 / l0ud

umutunzi / umukene

r1ch / p00r

nivyo / sivyo

r16h7 / wr0n6

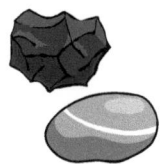

kigoramye / kigororotse

r0u6h / 5m007h

ashavuye / anezerewe

54d / h4ppy

kigufi / kirekire

5h0r7 / l0n6

kigenda bukebuke /
kinyaruka
5l0w / f457

gitose / cumye

w37 / dry

gishushe buhoro / gikanye
buhoro

w4rm / c00l

intambara / amahoro

w4r / p34c3

0	**1**	**2**
ubusa	rimwe	kabiri
z3r0	0n3	7w0

3	**4**	**5**
gatatu	kane	gatanu
7hr33	f0ur	f1v3

6	**7**	**8**
gatandatu	indwi	umunani
51x	53v3n	316h7

9	**10**	**11**
icenda	cumi	cumi na rimwe
n1n3	73n	3l3v3n

12
cumi na kabiri

7w3lv3

13
cumi na gatatu

7h1r733n

14
cumi na kane

f0ur733n

15
cumi na gatanu

f1f733n

16
cumi na gatandatu

51x733n

17
cumi n' indwi

53v3n733n

18
cumi n' umunani

316h733n

19
cumi n' icenda

n1n3733n

20
mirongo ibiri

7w3n7y

100
ijana

hundr3d

1.000
igihumbi

7h0u54nd

1.000.000
umuriyoni

m1ll10n

Icongereza

3n6l15h

Icongereza co muri Amerika

4m3r1c4n 3n6l15h

Mandare kivugwa mu bushinwa

ch1n353 m4nd4r1n

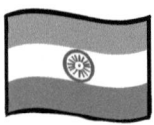

Igihinde

h1nd1

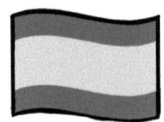

Ikispaniya

5p4n15h

Igifaransa

fr3nch

Icarabu

4r4b1c

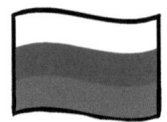

Ikirusiya

ru5514n

Igiporitigare

p0r7u6u353

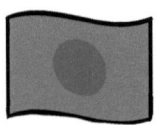

Ikibengare

b3n64l1

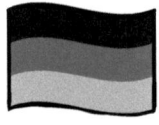

Ikidage

63rm4n

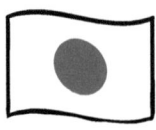

Ikiyapani

j4p4n353

jewe

1

wewe

y0u

we / we / co

h3 / 5h3 / 17

twebwe

w3

mwebwe

y0u

bo

7h3y

inde?

wh0?

iki?

wh47?

gute?

h0w?

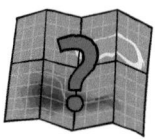

hehe?

wh3r3?

ryari?

wh3n?

izina

n4m3

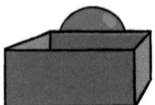

inyuma ya

b3h1nd

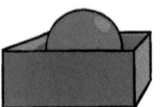

indani ya

1n

imbere ya

1n fr0n7 0f

hejuru ya

0v3r

ku

0n

munsi ya

und3r

mu mbavu ya

b351d3

hagati ya

b37w33n

ikibanza

pl4c3